Nés en 1962

Tous les souvenirs de mon enfance et de mon adolescence

Le livre de ma jeunesse 1962

À Marilù et Popeline

Les auteurs tiennent à remercier Isabelle Lerein, Christophe Salet, Mathilde Delattre-Josse et Jeanne Ollivier, sans lesquels cet ouvrage n'aurait pu voir le jour.

ISBN 978-2-258-13680-9
Numéro d'éditeur : 1505

MA THI LDE

Conception graphique :
Mathilde Delattre-Josse
mathildedelattre@wanadoo.fr

Conception graphique de la couverture : Loïc Levêque

Achevé d'imprimer en Italie par Zanardi.
Dépôt légal : mars 2016

Retrouvez-nous sur Internet : www.horscollection.fr
et www.facebook.com/HorsCollection

Hors Collection | un département **place des éditeurs**

place des éditeurs

Nés en 1962

Tous les souvenirs de mon enfance et de mon adolescence

Le livre de ma jeunesse 1962

Armelle Leroy
et Laurent Chollet

HORS COLLECTION

JANVIER
FÉVRIER
MARS
AVRIL
MAI
JUIN
PIQUE-NIQUE
Photo-coul. Camera-Clix
JUILLET
AOUT
SEPTEMBRE
OCTOBRE
NOVEMBRE
DÉCEMBRE
BIQUETTES
ALMANACH DES P.T.T. 1962
Photo-coul. Camera-Clix

SOMMAIRE

1962 Les grands événements

3 FÉVRIER :
Le France : le paquebot français effectue sa traversée inaugurale entre Le Havre et New York, où il arrive cinq jours plus tard avec 1 800 passagers à son bord.

7 FÉVRIER :
Embargo : le président Kennedy instaure un embargo américain contre Cuba, qui interdit l'importation par l'île de tout produit contenant des éléments d'origine américaine. Il est officiellement toujours en place.

8 FÉVRIER :
Métro Charonne : les forces de police chargent les manifestants anti-OAS rassemblés boulevard Voltaire, à Paris. On comptera huit morts parmi les personnes ayant cherché refuge dans la bouche de métro Charonne.

20 FÉVRIER :
John Glenn : l'astronaute devient le premier Américain à faire le tour de la Terre. Il réalise son vol en 4 h 55 à bord de la capsule Mercury MA-6.

18 MARS :
Accords d'Évian : ils mettent fin à la guerre d'Algérie et sont approuvés par un double référendum, en métropole le 8 avril et en Algérie le 1er juillet. L'indépendance, effective le 3 juillet, est officiellement proclamée deux jours plus tard.

18 AVRIL :
La Guerre des boutons : cette première adaptation du roman de Louis Pergaud, réalisée par Yves Robert, sort sur les écrans hexagonaux. Elle va connaître un très grand succès, avec près de 10 millions d'entrées.

15 MAI :
Joyeux anniversaire : lors d'un gala organisé au Madison Square Garden de New York, Marilyn Monroe interprète un très sensuel « Happy birthday Mr President » à l'attention de John Fitzgerald Kennedy.

5 AOÛT :
Nelson Mandela : le futur président sud-africain est arrêté et incarcéré en raison de son implication dans la lutte contre l'apartheid. Il sera condamné à la détention à perpétuité en 1964, puis relâché vingt-sept ans plus tard sous la pression internationale.

14 AOÛT :
Tunnel du Mont-Blanc : les équipes italiennes et françaises chargées du percement de ce tunnel routier long de 11 600 m se rejoignent près de Courmayeur, en Val d'Aoste, après l'abattement du dernier mur de roche.

22 AOÛT : Attentat du Petit-Clamart : alors qu'il se rend dans sa résidence de Colombey-les-Deux-Églises, le général de Gaulle échappe à une tentative d'assassinat organisée par un commando de l'OAS.

5 OCTOBRE :
Premier single : « Love Me Do », le premier 45 tours des Beatles, sort au Royaume-Uni.

22 OCTOBRE :
Crise des missiles : informé de l'installation de bases de missiles soviétiques à Cuba, le président Kennedy instaure un blocus de l'île. L'affrontement menace de dégénérer mais, le 28 octobre, Khrouchtchev retire les fusées contre l'engagement des États-Unis à ne jamais envahir Cuba.

20 DÉCEMBRE :
Guerre sino-indienne : l'armée chinoise lance une importante offensive en territoire indien. Sa progression laisse présager un conflit d'envergure, mais la guerre prend fin le 20 novembre, lorsque la Chine annonce un cessez-le-feu et retire ses troupes.

28 DÉCEMBRE :
Suffrage universel : par voie de référendum, les Français approuvent la proposition du général de Gaulle d'instituer l'élection du président au suffrage universel direct.

29 DÉCEMBRE :
Concorde : les gouvernements français et britannique signent un accord de coopération pour la construction d'un avion de transport supersonique, le Concorde.

Ils sont nés en... 1962

17/01/1962
JIM CARREY
acteur américano-canadien

21/01/1962
† 01/08/2003
MARIE TRINTIGNANT
actrice française

21/01/1962
ISABELLE NANTY
actrice et réalisatrice française

01/02/1962
MANUEL AMOROS
joueur de football français

06/02/1962
AXL ROSE
musicien américain, chanteur du groupe Guns N' Roses

18/02/1962
MARIANNE JAMES
auteur-compositeur-interprète et actrice française

17/06/1962
LIO
chanteuse belgo-portugaise

02/03/1962
JON BON JOVI
musicien américain, chanteur du groupe Bon Jovi

21/03/1962
MATTHEW BRODERICK
acteur américain

03/07/1962
TOM CRUISE
acteur et producteur américain

07/08/1962
ALAIN ROBERT
alias l'homme-araignée, grimpeur urbain

06/08/1962
MARC LAVOINE
chanteur et acteur français

13/08/1962
MANUEL VALLS
homme politique français

19/08/1962
VALÉRIE KAPRISKY
actrice française

25/09/1962
JULIETTE
auteur-compositeur-interprète française

30/10/1962
ARNAUD MONTEBOURG
homme politique français

11/11/1962
DEMI MOORE
actrice et productrice américaine

19/11/1962
JODIE FOSTER
actrice, réalisatrice et productrice américaine

29/11/1962
CATHERINE CHABAUD
navigatrice française

16/12/1962
LIANE FOLY
chanteuse française

16/12/1962
CHARLY MOTTET
cycliste français

17/12/1962
CHRISTOPHE HONDELATTE
journaliste et chanteur français

22/12/1962
RALPH FIENNES
acteur britannique

28/12/1962
† 06/01/1999
MICHEL PETRUCCIANI
pianiste de jazz français

Et pour la première fois cette année-là…

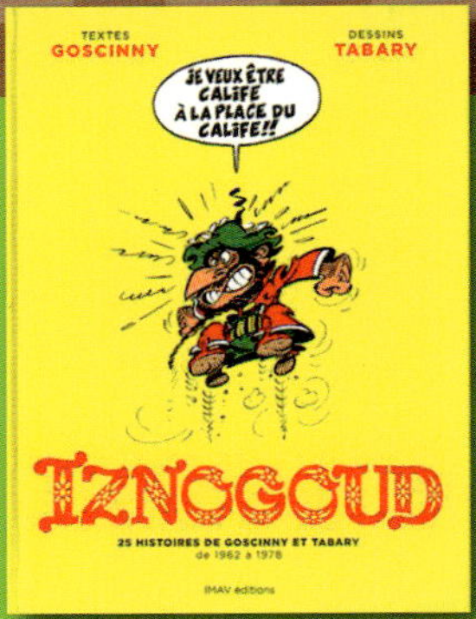

Iznogoud

L'ignoble vizir créé par René Goscinny et Jean Tabary fait sa première apparition en janvier 1962 dans le numéro 1 du journal *Record*.

Yves Saint Laurent

Le 29 janvier 1962, le jeune couturier présente la première collection de sa maison de couture dans un hôtel particulier de la rue Spontini, à Paris.

Les Rolling Stones

Le groupe britannique donne son premier concert au Marquee Club de Londres, le 12 juillet 1962.

Salut les copains !

Frank Ténot et Daniel Filipacchi lancent le magazine de la génération yé-yé au mois de juillet 1962, trois ans après le début de l'émission radiophonique du même nom sur Europe n°1.

Intervilles

L'émission estivale préférée des Français, animée par Léon Zitrone, Guy Lux et Simone Garnier, est diffusée pour la première fois en juillet 1962.

Spider-Man

Le super héros créé par Stan Lee et Steve Ditko tisse sa première toile dans le numéro 15 de *Amazing Fantasy*, un titre édité par Marvel Comics.

Bonne nuit les petits

La série télévisée créée par Claude Laydu, qui indique aux enfants qu'il est l'heure d'aller se coucher, est diffusée sur la RTF à partir du 10 décembre 1962.

Le Petit Ourson Guimauve

Le nounours à la guimauve enrobé de chocolat au lait naît en 1962 à Villeneuve-d'Ascq, chez le chocolatier Cémoi.

Barbarella

L'auteur de bandes dessinées Jean-Claude Forest crée la célèbre héroïne de science-fiction en lui donnant les traits de Brigitte Bardot. Ses premières aventures sont publiées dans *V-magazine*.

LA CHAMBRE D'UN ENFANT

Maman décoratrice !

La famille vient de s'installer dans un appartement tout neuf ! Pour aménager ce nouveau chez soi, maman s'improvise décoratrice… Et ça commence par la chambre des enfants !

Sur les quais de Paris, il faisait bon flâner, le soir, à deux pas de l'appartement. Mais l'immeuble a été déclaré insalubre, et il a fallu déménager. Alors adieu Paris et… bonjour la banlieue ! Quel déchirement de quitter son ancien logement, sa chambre, vieille mais chaleureuse, les voisins, les copines, l'école du quartier... Ici, à La Courneuve, tout est moderne. Tellement moderne que rien n'est fini. Au pied des grands immeubles, encore inachevés, on ne peut même pas jouer, car c'est dangereux. Certes, l'appartement est neuf ; Jeanne et sa petite sœur possèdent leur propre chambre, mais elles sont minuscules. Le beau papier peint n'arrive même pas à réchauffer le cœur de Jeanne : ses amies lui manquent. Parce que les nouvelles camarades… parlons-en ! Elles viennent presque toutes de la campagne ! Cela fait rire maman, qui la traite de snob et de petite Parisienne. Mais malgré ses moqueries, sa mère a tout fait pour l'aider à s'adapter. Elle a cousu un beau couvre-lit en satin rose, a posé des rideaux assortis et a même taillé une robe dans les chutes de tissu pour sa poupée Marie-Françoise. De ravissants petits cadres mettent en valeur des reproductions de tableaux : *La Liseuse* de Fragonard et un portrait de Louis XVII enfant. Jeanne doit bien avouer que la pièce est agréable. Quand elle est de bonne humeur, elle reconnaît aussi que son école est très bien et que la jeune maîtresse est gentille. Et puis, il y a cette nouvelle voisine qui vient du IXe arrondissement… Elle a l'air sympathique, même si elle fait tout le temps la tête !

Qu'il est loin le temps où une chambre d'enfant se composait simplement d'un lit et d'une armoire ! À présent, les magasins proposent toute une gamme de meubles, et le bureau est devenu un élément essentiel de l'espace du futur bachelier !

Avis d'expulsion

Quand arrive l'adolescence, les parents ne sont plus les bienvenus dans la chambre des enfants. Les posters qui recouvrent les murs deviennent les témoins de cette déclaration d'indépendance.

Il est interdit d'interdire ! C'est le frère aîné qui l'a dit aux parents. Il a dû batailler dur pour mettre des posters sur les murs de sa chambre et pour arranger les meubles comme il le désirait. Mais pour les jumeaux, Suzie et Pierre, ce n'est plus un problème. Cela ne viendrait même pas à l'idée de leur mère de contester leurs choix. Chacun a librement décoré les murs de sa chambre : Suzie a accroché des photos de chanteuses découpées dans le magazine *Salut les copains,* et Pierre a punaisé des posters des

Une paire de ciseaux, un tube de colle et beaucoup d'imagination : il n'en faut pas davantage pour vivre au milieu de ses idoles.

LA CHAMBRE D'UN ADO

Rolling Stones et des Beatles. Comme c'est un garçon, il a eu moins de mal à imposer ses goûts ! Il a remplacé le bureau assorti au lit bateau par une planche sur des tréteaux et a monté lui-même l'étagère en kit pour installer sa collection de bandes dessinées. Suzie, quant à elle, est obligée de garder une chambre plus conventionnelle et bien rangée : sa mère l'exige ! Mais elle a droit désormais à un peu de maquillage, et son armoire déborde d'affaires… Tout son argent de poche y passe. Sur ses étagères, elle a posé des cadres en forme de cube avec des photos de ses amies. Sur le grand panneau de liège au-dessus de son bureau, elle a affiché des instantanés de ses petites cousines (elle adore les bébés), des images de chats (elle raffole des animaux) et des fiches de conseil de maquillage arrachées à son journal *15 ans*. Avec ses copines, elles peuvent passer des heures à regarder des magazines de mode assises par terre ou sur le lit, tandis que son frère et ses copains profitent de l'absence des parents pour fumer en grand secret leurs premières cigarettes.

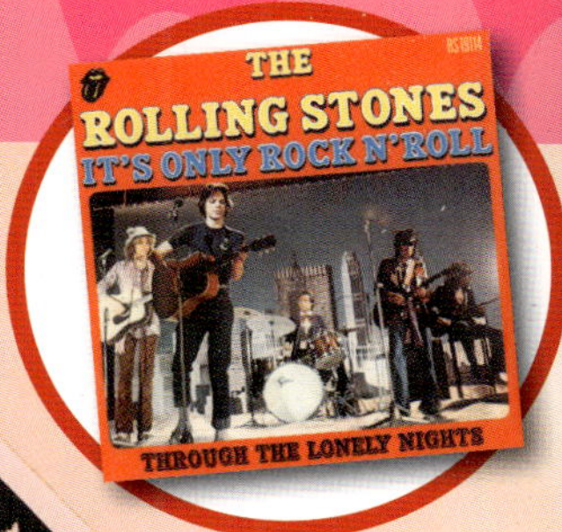

LA CLASSE D'UN ENFANT

Le plaisir d'apprendre

Et si l'on remplaçait la honte d'être le dernier et la crainte de la punition par le plaisir d'apprendre ? À la fin des années 1960, une autre pédagogie prend racine dans les écoles.

La maîtresse, elle est amoureuse ! En l'observant de loin dans la cour de récréation, les fillettes du cours moyen se trémoussent de joie. Elles forment un cercle et tiennent entre elles des conciliabules. Qu'elle est jolie leur institutrice avec sa chevelure souple et ses joues roses ! Elle a fini l'École normale il y a à peine deux ans et elle adore enseigner à ses petites élèves. Parfois, elle fronce les sourcils et menace de punir les plus bavardes, mais il faut bien le reconnaître, aucune fillette ne la craint. Pourtant, elle sait se faire respecter, car elle est très aimée et, quand elle distribue bons points et belles images, elle semble aussi contente que l'écolière récompensée. Mais depuis deux mois, ses pensées semblent s'envoler. Elle regarde longuement les grands panneaux accrochés au mur, chantonne devant le dessin représentant le printemps, sourit au jardinier de papier qui bine ses légumes et suit du doigt l'hirondelle qui s'envole vers l'Afrique. Parfois, le portail de l'entrée grince, et le maître de la petite section traverse la cour. Il vient chercher des craies, un chiffon, un ballon, des cahiers… Il quitte le bâtiment des garçons pour rejoindre celui des filles, passe devant les fenêtres de la classe du cours moyen, et les joues de la maîtresse se teintent de rouge. La journée est rythmée par les grincements du portail : visiblement, le maître a en permanence besoin d'emprunter du matériel, et l'institutrice rougit de plus en plus, tandis que ses élèves pouffent en se poussant du coude.

Demain, c'est la rentrée : on affûte ses armes dans la perspective du grand jour.

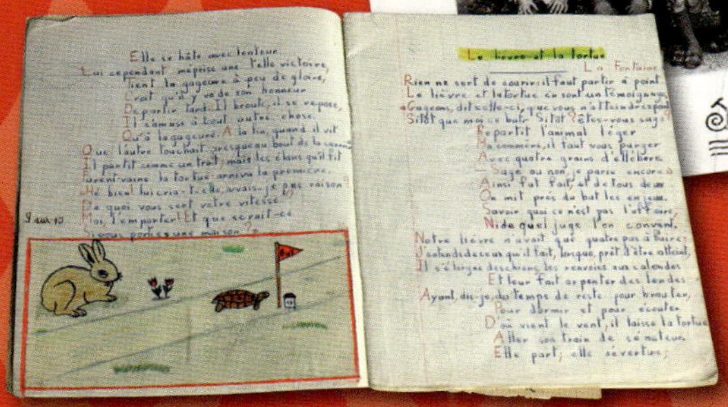

Dans les années 1970, des garçons aux cheveux longs courtisent des filles en pantalon. Et réciproquement...

Premiers flirts

La mixité dans les établissements scolaires se généralise au cours des années 1970. Désormais, les premiers émois se vivent en classe ou dans les cours de récréation…

Les nouveaux bâtiments sentent encore la peinture fraîche : ils viennent d'être inaugurés, l'ancien lycée n'était plus assez grand pour accueillir tous les nouveaux élèves. Dominique regarde son frère Christian avec envie : « Tu as de la chance d'aller en classe avec des filles… Ce n'est pas mon cas ! » Dominique a choisi une filière technique : il veut devenir menuisier et travaille déjà le bois aux côtés de professeurs spécialisés. Christian soupire : « C'est chouette d'être avec les filles, mais elles sont toutes

LA CLASSE D'UN ADO

L'apothéose (ou la sanction) de toute une scolarité : le baccalauréat. Une épreuve de pure forme pour certains, un supplice pour d'autres.

plus fortes que nous en cours, et les profs se moquent de nous ! » Leur mère intervient dans la conversation : « Elles ne sont pas meilleures que vous, elles sont plus matures et travailleuses, c'est tout. » Son fils se met en colère : « Les filles, elles se croient tout permis, elles veulent faire les mêmes métiers que nous et elles pensent que nous devons porter leurs sacs quand ils sont trop lourds. Elles ont une drôle de notion de l'égalité ! » Dominique ricane : « C'est pour cela que tu vas deux fois par semaine à l'atelier photo avec Gisèle, alors que tu n'as même pas d'appareil ? Tu veux certainement lui rendre service en portant le sien ! » Christian rougit et change de sujet : « Maman, le professeur d'anglais organise un voyage scolaire à Londres. Tu penses que je peux y aller ? » « Je verrai avec ton père, mais tu as fait des progrès en anglais, je suis contente que tu t'investisses ainsi dans les langues étrangères. » « Et surtout, Gisèle sera du voyage », glisse perfidement Dominique à son frère, qui lui lance un regard furieux !

LES JOUETS DES FILLES

En garde, Barbie !

Quand une poupée nommée Tressy apparaît au pied du sapin de Noël, le trône de Barbie se met brièvement à vaciller...

« Achetons français ! » clame Papa haut et fort. Les enfants sont prêts à lui faire plaisir, mais le Père Noël, lui, n'en fait qu'à sa tête. Il doit être américain avec sa tenue aussi rouge que les bouteilles de Coca-Cola et sa hotte remplie de jouets venus d'outre-Atlantique. Les fillettes rêvent toutes d'une poupée Barbie : c'est la plus belle avec ses longs cheveux blonds ou bruns, ses yeux bleus et ses jambes interminables perchées sur des talons aiguilles. En plus, elle semble savoir tout faire : en une seconde, elle peut quitter son costume d'hôtesse de l'air ou d'infirmière pour revêtir une robe de bal et partir avec Ken au volant de leur voiture décapotable. Pour réconcilier tout le monde, maman conseille une poupée Tressy, de la marque Bella. Depuis 1965, elle concurrence directement Mattel et ses Barbie. La vendeuse du magasin de jouets leur a fait une démonstration qui les a émerveillées : en actionnant une petite clef, les cheveux de la poupée mannequin s'allongent ou raccourcissent à volonté. En prime, elle peut piquer les habits de Barbie, qui lui vont à merveille ! C'est décidé, Tressy figurera tout en haut de la liste de cadeaux. Juste après elle, les fillettes demandent une panoplie complète de petite ménagère et un ravissant service à thé en porcelaine. L'année dernière, le Père Noël avait apporté une batterie de casseroles et une véritable machine à coudre pour confectionner les vêtements de leurs « filles » : des cadeaux ludiques et utiles qui les préparent à leur futur rôle de mère.

Delphine Desyeux, la jeune héroïne du feuilleton télé L'Âge heureux, devient l'ambassadrice de la poupée Tressy, grande rivale de Barbie.

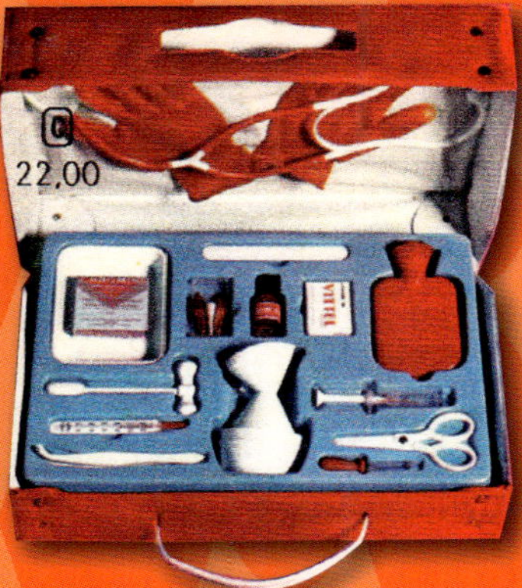

Faire la cuisine et laver le linge : c'est donc à ça que rêvent les petites filles ?

Objectif Lune !

Les enfants nés à la même époque que la conquête de l'espace ont le regard tourné vers les étoiles. Et leur coffre à jouets déborde de cosmonautes et de navettes spatiales…

Ah ! la tête de Pierre en découvrant son cadeau de Noël ! Vu les dimensions, c'est un livre, pas de doute… Quelle guigne ! Lui qui rêvait d'un jeu électronique… Mais papa et maman rient sous cape. « Ouvre-le ! » conseille papa. À l'intérieur, le jeune garçon trouve des fiches, des feuilles perforées et un stylet. « C'est un Dictelec, explique maman. Il faut répondre aux questions en introduisant le stylo dans la bonne réponse. » Ouf ! Pierre est soulagé. Il est d'accord pour s'instruire, mais à condition de s'amuser. En déballant le paquet suivant, il fait des bonds de joie : une véritable grue télécommandée qui peut soulever des charges ! Son frère aîné, très concentré, fronce les sourcils en étudiant le plan du chalet suisse qu'il vient de recevoir. 282 pièces à assembler, ce n'est pas rien ! Pierre, lui, est impatient de se rendre chez Mathieu, son meilleur ami. Que lui a réservé le Père Noël ? Il demande la permission de grimper

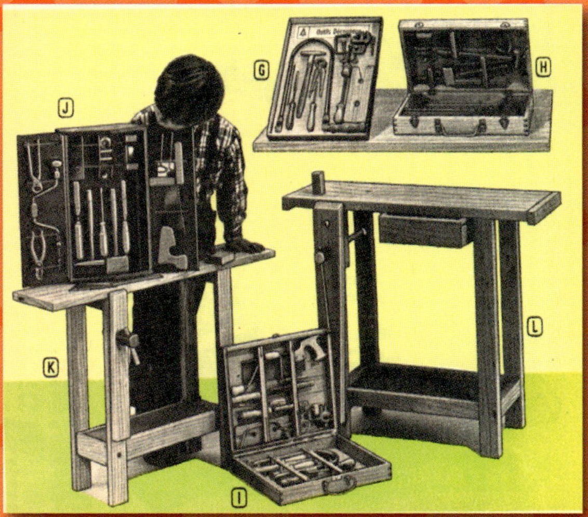

Les garçons aussi ont droit aux jeux d'imitation : pendant que leurs sœurs jouent à la parfaite ménagère, eux s'entraînent à devenir des as du bricolage.

LES JOUETS DES GARÇONS

Quand ils reviennent sur terre, les garçons se jettent au volant de leur bolide préféré et appuient sur l'accélérateur.

jusqu'au quatrième étage, où habite son camarade. Le frère de Mathieu l'arrête au passage pour lui montrer ses petits soldats, des parachutistes avec des bérets rouges, et son tank télécommandé. Puis, son ami l'invite à le rejoindre dans sa chambre. Il est rouge de joie et de fierté : passionné par la conquête spatiale, il montre à Pierre son Major Matt Mason, fabriqué par Mattel, un astronaute de 15 cm de haut qui peut se déplacer sur la Lune grâce à son traîneau à propulsion et à son scaphandre. Certes, le jouet est magnifique, mais Pierre préfère secrètement sa grue, qu'il a hâte de faire admirer à Mathieu.

LES LOISIRS DES ADOS

À la fête foraine, on mange des barbes-à-papa, on se bouscule au volant des autotamponneuses et on se frôle la main au stand de tir…

Le bonheur à plusieurs

Peu importe ce qu'on fait pendant son temps libre à partir du moment où on le passe entre copains… et loin du regard des parents !

La sonnerie du lycée vient à peine de retentir que garçons et filles se précipitent dans la rue. Ah ! le bahut, c'est bien mais les copains, c'est mieux. Tous se réunissent devant le bar, les plus fortunés commandent du Coca-Cola, d'autres du Canada Dry, tandis que certains tentent d'emprunter quelques pièces. Autour du Baby-foot, quatre amis tournent avec frénésie les poignées des barres, et la petite balle s'envole par-dessus les tables. Les rires éclatent ; trois filles tendent le cou et observent les joueurs. Soudain, un vrombissement retentit,

c'est Christophe qui arrive sur sa Malaguti. Aussitôt, tous les garçons se ruent à l'extérieur et entourent la petite moto italienne. On compare ses performances. Stéphane fait son intéressant en parlant fort, les autres se moquent de lui et de sa « bleue », sa vieille mobylette. Les filles, qui se sentent exclues d'une conversation aussi technique, élèvent le ton. Elles se racontent des anecdotes avec des rires stridents. Les garçons daignent enfin s'occuper d'elles : ils leur proposent d'aller au cinéma mercredi après-midi. Isabelle proteste, elle doit se rendre à son cours de poterie à la MJC. Stéphane lui rappelle qu'ils vont tous à la MJC. Le cinéma, c'est forcément après les activités. Entre chamailleries et rires, tous s'éloignent pour rentrer chez eux.

Pour faire la tournée des festivals, l'auto-stop est à la fois le moyen de locomotion le plus économique et celui qui terrifie le plus les parents. Bref, c'est cool !

LA MODE DES ENFANTS

Prêt-à-porter ou fait main ?

Pour les grandes occasions, certaines mères de famille n'hésitent pas à mobiliser tous leurs talents de modéliste pour transformer leur fillette en reine d'un jour !

Pour Pâques, comme le veut la tradition, toute la famille revêtira un nouveau vêtement. Maman est allée faire les courses avec papa. Quelle histoire pour arriver à lui faire choisir une chemise et une cravate ! Pour le costume, il est resté inflexible : pas question d'en acheter un neuf, celui d'il y a deux ans fera très bien l'affaire. En revanche, il a offert à maman une ravissante robe à fleurs, dont le col s'orne d'un joli nœud lavandière. Christian et Laurent, eux, voulaient des jeans. « Pour Pâques ! s'est indignée maman. Pas question ! Vous porterez un pantalon en toile avec une veste assortie. » Ils ont juste eu le droit de choisir les couleurs : marron glacé pour Christian, vert sapin pour Laurent. Finalement, les garçons se trouvent très chic. Chantal et maman sont parties « entre filles ». Chez Monoprix, elles ont acheté une jolie robe d'un bleu vif, dont la taille, resserrée par une fine ceinture, met en valeur le bas évasé. La fillette tourne sur elle-même en s'admirant dans le miroir. Elle porte aux pieds de ravissantes ballerines vichy bleu et blanc. Pour Margot, la petite dernière de la famille, maman s'est installée devant sa machine à coudre. Grâce à un patron *Modes & Travaux,* elle a cousu une adorable robe avec un bloomer assorti, dont le tissu nid-d'abeilles parsemé de petites fleurs est du plus charmant effet. « Attention ! prévient maman. Pas question de sortir sans vos manteaux d'hiver car, comme le dit Mamie : en avril, ne te découvre pas d'un fil ! »

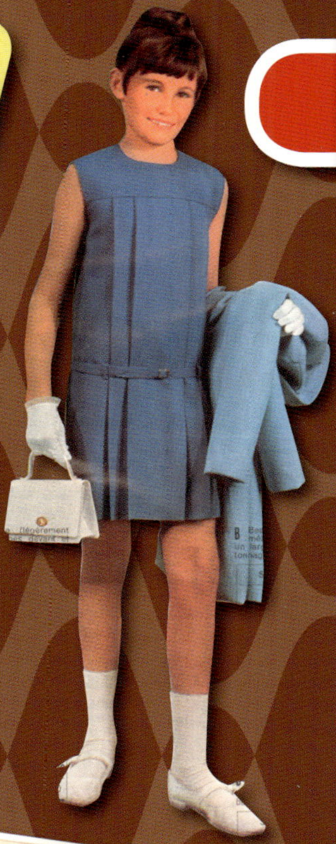

« Les gars, avec notre look de communiants et nos cheveux gominés, on est bon pour monter un groupe de chanteurs. J'appelle tout de suite monsieur Barclay... »

De Johnny à Jane Fonda, du style « rock propret » à l'allure hippie, les stars donnent le ton en matière de mode.

Mélange des genres

Le vent de liberté qui s'est levé à la fin des années 1960 a aussi soufflé sur les garde-robes. Désormais, les ados ne s'habilleront plus jamais comme leurs parents.

Fini les blouses, tabliers et autres horreurs ! Désormais, au lycée, on s'habille comme on veut ! Frustrées de s'être vu interdire le pantalon pendant des décennies, les filles le privilégient avant tout pour se rendre en classe. « C'est tellement pratique... » soupire Pauline. Son amie Françoise ne semble pas d'accord : « Pratique, mais pas toujours seyant. Et avec ton jean à pattes d'éléphant qui traîne par terre, tu ramasses toute la poussière. » « Pas du tout ! s'indigne son amie. Et regarde comme les fleurs brodées dessus sont ravissantes ! » Alain, le frère de Françoise, vient d'arriver, accompagné d'un copain. Il est particulièrement élégant avec son blouson assorti à son jean et à sa chemise cintrée à motif champêtre. Il fait un clin d'œil à Pauline, qui rougit. « Alors les filles, vous venez avec nous ? On va choisir une veste pour Didier. Il vaut mieux s'y mettre à plusieurs... » Les quatre adoles-

LA MODE DES ADOS

cents pénètrent dans le magasin. Une jeune fille charmante les accueille. Elle porte une blouse de coton brodée sur un jean, et son front est ceint d'une lanière de cuir ornée d'une pierre verte. Elle fait essayer à Didier une veste en mouton retourné et, à grand renfort de sourires, essaie de convaincre Alain d'en enfiler une aussi. Pauline est furieuse, elle quitte le magasin en claquant la porte. Alain lui court après. « *Peace and love* ma vieille, calme-toi ! » Il l'embrasse sur la joue en lui soufflant : « Ne t'inquiète pas, c'est toi la plus jolie ! »

LEVI'S
Le jean Levi's reste une valeur sûre : il traverse les modes en conservant la préférence des ados.

CONFISERIES ET BOISSONS

De l'or en barres

Mars, Topset, Kit Kat…
Pour les petits gourmands, les vrais trésors ont toujours le goût du chocolat.

Dans le bar, la serveuse dépose les boissons sur un grand plateau Perrier. La bande de copains s'empare des bouteilles : tous boivent directement au goulot, ils trouvent cela bien meilleur ! Les filles optent pour des pailles de couleur et dégustent leur Coca-Cola, leur Gini ou leur Canada Dry par petites gorgées. Les plus audacieuses osent faire des bulles avec le fond de leur breuvage, déclenchant ainsi l'indignation de certaines et les ricanements amusés des garçons. Devant l'établissement, par petits groupes, les plus jeunes passent en

ralentissant et jettent des regards d'envie à l'intérieur. Quelle chance d'être grand ! Eux doivent se hâter de rentrer à la maison. Ils défont l'emballage de leurs Choco BN et mordent dedans avec vigueur : il y a ceux à la fraise, au chocolat, à la vanille... Les papiers volent sur le trottoir. Un agent de police siffle, mécontent. « Voulez-vous bien ramasser ces papiers, bande de dégoûtants ! » Devant la boulangerie, la halte est inévitable. Les plus fortunés s'achètent une barre Mars ou Topset, d'autres un paquet de Smarties. Au fond de la poche, il doit bien rester quelques centimes pour un Malabar, des fraises Tagada ou un Carambar. Mais à peine arrivés à la maison, les enfants réclament leur goûter... Les friandises avalées sur le chemin du retour n'étaient qu'un acompte !

Comment résister à un garçon qui vous offre un chewing-gum à la sortie de l'école ?

LES JEUX OLYMPIQUES

Le skieur autrichien Franz Klammer (ci-dessus) et la Française Marielle Goitschel (ci-contre). Ci-dessous : le Japonais Yukio Kasaya, médaillé d'or de saut à ski à Sapporo.

Les jeux d'hiver...

Grenoble (1968), Sapporo (1972), Innsbruck (1976)

Après Innsbruck en 1964, Marielle Goitschel gagne une nouvelle médaille d'or à Grenoble quatre ans plus tard. Mais c'est son compatriote Jean-Claude Killy qui rentre dans la légende en triomphant dans les trois épreuves de ski alpin. Le Japon organise à Sapporo les Jeux de 1972. C'est l'un de leurs champions, Yukio Kasaya, qui éblouit le public grâce à son saut à ski. Pourtant, ce sont les Russes qui dominent la compétition du début jusqu'à la fin (seize médailles, dont huit en or). Innsbruck a de nouveau l'honneur de recevoir les Jeux en 1976. L'Allemande Rosi Mittermaier réussit un doublé en descente et en slalom, auquel elle ajoute une médaille d'argent en géant. De son côté, l'Autrichien Franz Klammer déchaîne l'enthousiasme national lors de la descente de ski alpin.

En combinant la danse classique et moderne avec le patinage artistique, le Britannique John Curry décroche la médaille d'or lors des JO d'Innsbruck, en 1976.

Les jeux d'été...

Mexico (1968), Munich (1972), Montréal (1976)

En 1968, à Mexico, l'altitude et le manque d'oxygène troublent certains athlètes, mais permettent à d'autres d'accomplir des exploits. Bob Beamon améliore ainsi le record du monde de saut en longueur de 55 cm. Mais ces Jeux sont surtout marqués par les Américains Tommie Smith et John Carlos, qui dénoncent la condition des Noirs dans leur pays en restant tête baissée et poing levé pendant l'hymne national. Quatre ans plus tard, c'est l'horreur qui s'invite à Munich. Un commando palestinien prend en otage des athlètes israéliens, et le bain de sang final éclipse l'incroyable exploit du nageur américain Mark Spitz, avec ses sept médailles d'or. Les Jeux de Montréal, en 1976, sont marqués par les performances des coureurs Lasse Virén (Finlande) et Alberto Juantorena (Cuba), ainsi que par celle du plongeur Klaus Dibiasi (Italie). Et c'est une très jeune Roumaine, Nadia Comaneci, qui devient l'étoile mondiale de la gymnastique en étant la première à obtenir la note de 10.

Stupeur à Mexico lorsque l'Américain Bob Beamon (ci-dessus) effectue un saut à 8,90 m. Quatre ans plus tard, son compatriote, le nageur Mark Spitz (ci-contre), enchaîne les victoires à Munich : sept médailles d'or !

Lors des JO de Montréal, la jeune Roumaine Nadia Comaneci monte cinq fois sur le podium. Elle obtient notamment la note maximale de 10 aux barres asymétriques. Une première !

THE ILLUSTRATED LONDON NEWS.

Saturday, August 6, 1966

[illegible]trated London News & Sketch Ltd World copyright of all editorial matter, both illustrations and text, is strictly reserved No 6627 Volume 249

England wins the Cup—triumph for Ramsey

England won the World Cup after defeating West Germany 4–2 at Wembley on July 30. The solid gold Jules Rimet trophy was received from the Queen by Bobby Moore, the English captain. Moore held it aloft to the ecstatic 93,000-strong crowd, then proffered the cup to England's team manager, Alf Ramsey. The game had run into extra time. Seconds before the end of [illegible]rmal time—when England were leading 2–1—the Germans scored an [illegible] But England scored twice more in the extra 30 minutes, their last [illegible] a second before the final whistle blew. [illegible]onal victory for Mr Ramsey. He took [illegible] day after an England [illegible]hen almost [illegible] until the closing stages of the Cup Ramsey was a prophet without much honour in his own country. A dour, taciturn introvert—very unlike other football personalities—he was repeatedly criticised for faulty judgement in his fielding of players, suppression of " high spirits " by individual players, and his ruthless discipline. Moore, too, is retiring as footballers go—yet these two provided the grim dogged play which chiefly earned England success. England's defence was rock-hard throughout the competition but the forward line lacked penetration. However, they were well-drilled and self-confident. (These characteristics showed up most clearly against the brilliant quick-silver Portuguese team which England beat in the semi-finals). On Saturday England played one of its best games ever, but Ramsey said he was still not satisfied. Yet he smiled happily, almost fondly, when [illegible] proclaimed, " Mr Ramsey's the best manager in the world."

Ci-dessus : le Britannique Bobby Moore tenant le trophée de la Coupe du monde après la victoire de son équipe contre la RFA, le 30 juillet 1966.

Revanche allemande

En 1966, la RFA est battue en finale de la Coupe du monde lors d'un match controversé. Mais l'équipe de Franz Beckenbauer n'a pas dit son dernier mot…

En Angleterre, pendant la Coupe du monde de football de 1966, la polémique gronde. Les arbitres ne semblent pas impartiaux, et le pays accueillant est accusé d'être grandement favorisé. Sa victoire en finale contre l'Allemagne de l'Ouest paraît donner raison aux critiques : ce sera le match le plus controversé de l'histoire du football. Quant à l'Allemand Franz Beckenbauer, il se distingue lors de la demi-finale qui oppose son

Pelé (au premier plan) à l'entraînement avec l'équipe nationale du Brésil avant la Coupe du monde de Mexico.

Ci-contre : l'Allemand Franz Beckenbauer en 1970. En dessous : le match d'anthologie RFA-Italie, en demi-finale de la Coupe du monde de 1970.

équipe à l'Union soviétique, le gardien de but russe Lev Yachine ne pouvant contrer son formidable tir. La RFA remporte la rencontre par 2 à 1. Le Portugal finit troisième, mais le match qui l'oppose à la Corée du Nord en quart de finale reste dans toutes les mémoires, avec un score de 5 à 3 pour le Portugal. L'année 1970 marque le grand retour du Brésilien Pelé au Mexique. Il mène son équipe en finale, et la Seleção devient pour la troisième fois consécutive championne du monde face à l'Italie, en marquant 4 buts à 1. Mais c'est la demi-finale entre la RFA et l'Italie qui demeure « le match du siècle » ! Le score final sera de 4 à 3 pour les Italiens lors des prolongations. Quatre ans plus tard, en 1974, les Allemands de l'Ouest sont chargés d'organiser la nouvelle Coupe du monde. Franz Beckenbauer et son équipe doivent affronter en finale les Néerlandais, menés par leur capitaine Johan Cruijff. Les joueurs des Pays-Bas semblent imbattables. Ce sera pourtant la RFA qui l'emportera de justesse par 2 à 1.

1974
L'Allemand Franz Beckenbauer en lutte avec le Hollandais Johan Neeskens lors de la finale de la Coupe du monde de 1974.

LE SPORT AUTO ET LE CYCLISME

Ci-dessus : les 24 Heures du Mans en 1975.

Le pilote français Gérard Larrousse, porté en triomphe après sa victoire aux 24 Heures du Mans, en 1973.

Le sport automobile

Ickx : un nom aussi bref qu'un coup d'accélérateur. Dans les années 1970, aucune compétition ne semble pouvoir résister au célèbre pilote belge.

Le sport automobile se diversifie, il ne s'agit plus désormais de courir uniquement sur des circuits. Les rallyes et les courses d'endurance se multiplient. L'écurie Matra domine les compétitions, à l'exception des 24 Heures du Mans. Il faut attendre 1969 pour qu'elle se distingue sur cette course avec trois de ses voitures à l'arrivée. Le Français Henri Pescarolo, lui, collectionne les victoires. C'est d'ailleurs sur Matra qu'il remporte trois années de suite les 24 Heures du Mans, à partir de 1972. Il ajoute à son palmarès deux titres de champion du monde des constructeurs. Mais celui qui sera surnommé Monsieur Le Mans est le Belge Jacky Ickx, qui gagne la première fois la compétition en 1969 et cumulera six victoires.

Deuxième au classement, mais premier dans le cœur des Français : c'est Raymond Poulidor !

Raymond Poulidor arrivera-t-il enfin à triompher ? Hélas ! l'éternel second se blesse en 1968 et, lorsqu'il revient, un nouveau champion a fait son apparition : le Belge Eddy Merckx. Celui-ci ne sera pas surnommé le Cannibale pour rien : cinq participations au Tour de France de 1969 à 1974, cinq victoires. L'Espagnol Luis Ocaña profite de son absence en 1973 pour remporter la compétition. En 1975 et en 1977, Bernard Thévenet monte à son tour sur la plus haute marche du podium, laissant Lucien Van Impe gagner en 1976.

Les cyclistes français Roger Pingeon et Raymond Poulidor lors de l'arrivée du Tour de France en 1969, où ils se classent respectivement deuxième et troisième.

Ci-contre à gauche : le Belge Eddy Merckx, cinq fois vainqueur du Tour de France entre 1969 et 1974. À droite : le Français Bernard Thévenet, qui lui ravit le trophée en 1975.

Le tennis

L'ouverture des tournois aux professionnels dans les années 1970 marque le début d'une nouvelle ère…

Ci-dessus : les Américains Chris Evert et Jimmy Connors, vainqueurs de Wimbledon en 1974. Ci-contre : la Tchèque Martina Navratilova, qui remporte le même tournoi deux ans plus tard.

Les Australiens dominent le tennis au début des années 1960, comme ils le firent tout au long des années 1950. Pourtant, des athlètes d'autres pays commencent à faire parler d'eux. Arthur Ashe s'impose sur les courts et bouleverse les conventions en étant le premier Noir américain à remporter le Grand Chelem. En 1967, à Roland-Garros, c'est une Française qui gagne : Françoise Dürr. Mais le tennis va connaître un authentique chamboulement : les tournois, jusqu'ici réservés aux seuls amateurs, s'ouvrent peu à peu aux professionnels. À partir du début des années 1970, d'immenses champions vont dominer ce sport. Ils sont américains et se nomment Jimmy Connors ou John McEnroe, roumains comme Ilie Nastase, ou encore suédois comme Björn Borg. Ce dernier gagne pour la première fois Roland-Garros en 1974 et se montre rapidement imbattable.

Deux stars des courts dans les années 1970 : Arthur Ashe (ci-contre) et Björn Borg (ci-dessus).

LE TENNIS ET LES SPORTS DE COMBAT

Bruce Lee dans le film The Big Boss, *qui l'a rendu célèbre dans le monde entier.*

CASSIUS CLAY

Triple champion du monde de boxe dans la catégorie des poids lourds, il crée la stupeur. S'étant converti à l'islam, il devient Mohamed Ali avant d'annoncer, le 29 avril 1967, lors d'une conférence de presse, son refus d'être incorporé dans l'armée et de partir combattre au Vietnam. Il sera déchu de son titre et poursuivi juridiquement par le gouvernement américain.

Les sports de combat

Longtemps resté dans l'ombre du judo, le karaté devient populaire auprès des enfants grâce au cinéma et à l'acteur qui incarne à lui seul cette discipline : Bruce Lee.

Le judo s'impose peu à peu comme un sport incontournable. Signe révélateur, les enfants désirent tous s'inscrire à des cours. Henri Courtine et Bernard Pariset, pionniers français des tatamis, obtiennent en 1968 leur ceinture 6e dan. Ils sont les premiers sportifs hexagonaux à la posséder. Mais ils ont ouvert la voie à de nouveaux champions, comme Jean-Luc Rougé, Jean-Paul Coche, Bernard Tchoullouyan ou Angelo Parisi. Quant au Français Dominique Valéra, il tente de faire connaître sa discipline, le karaté. En 1973, la mort prématurée de Bruce Lee transforme celui-ci en icône, et le karaté atteint rapidement des sommets de popularité.

Et soudain, le causse du Larzac devient l'épicentre de la contestation et de la contre-culture hexagonale. En août 1977, les jeunes viennent grossir les troupes de tous ceux qui s'opposent à l'extension d'un camp militaire sur le plateau.

La multiplication des radios pirates reste l'un des phénomènes contre-culturels majeurs apparus dans l'Hexagone à la fin des années 1970.

Le 18 juin 1976, le quotidien Libération publie un manifeste signé par près de 150 personnalités, demandant la dépénalisation totale du cannabis. Le débat est lancé…

MILITANTISME ET RÉVOLUTION SEXUELLE

Après Mai 68, la culture du « *Do it Yourself* » s'empare de la presse. Une multitude de titres voient le jour pour relayer les opinions les plus diverses, avec un seul mot d'ordre : tout changer.

Quand les jeunes montent le ton pour ne pas être avalés par la « grande muette » : au printemps 1973, lycéens et étudiants manifestent contre la loi Debré, qui supprime les sursis pour études au-delà de 21 ans.

Cultivant une délicieuse ambiguïté, des artistes comme David Bowie ou Marc Bolan montrent que le rock n'a pas besoin de jouer les gros bras pour donner de la voix.

Au début des années 1970, les femmes (et quelques hommes) se mobilisent pour obtenir le droit à l'avortement. Les manifestations se multiplient jusqu'au vote de la loi, en novembre 1974.

Deux ans après les émeutes de Stonewall à New York, le Front homosexuel d'action révolutionnaire (FHAR) voit le jour en France. Il marquera par sa radicalité les premiers pas de l'activisme gay et lesbien dans l'Hexagone.

« Nucléaire ? Non merci ! »… Le message est clair, mais malgré la mobilisation des opposants au nucléaire tout au long des années 1970, près d'une quarantaine de réacteurs seront mis en construction au cours de la décennie.

Vision sombre de la révolution sexuelle, Le Dernier Tango à Paris fait scandale lors de sa sortie en salle en 1972.

LA MUSIQUE DES ENFANTS

Du générique au tourne-disque

Avec les génériques de nos dessins animés préférés et les adaptations phonographiques des films Disney, le petit et le grand écrans s'invitent sur nos platines.

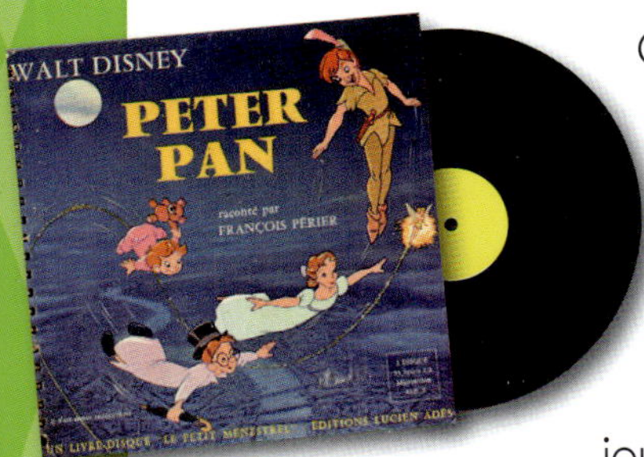

Qui pourrait détrôner Henri Salvador dans notre cœur ? Bercés au rythme d'« Une chanson douce » depuis notre plus jeune âge, nous avons adopté ses hymnes à la bonne humeur, nombreux depuis « Zorro est arrivé » : « Le travail, c'est la santé », « Juanita banana »… Sur nos tourne-disques, les 45 tours de Pierre Perret lui disputent souvent la vedette, avec des tubes comme « Les Jolies Colonies de vacances » et « Tonton Cristobal ». Et avec les livres-disques du Petit Ménestrel, nous nous délectons des adaptations phonographiques des films de Walt Disney, centrées sur une narration agrémentée de dialogues, de bruitages et des chansons du film. Les plus grands comédiens français figurent au catalogue : François Périer nous narre *Cendrillon, Peter Pan* ou *La Belle et le Clochard,* Pierre Larquey nous conte l'histoire de *Pinocchio,* et Jacques Duby celle des *101 Dalmatiens* et du *Livre de la jungle,* le tout dernier dessin animé des studios Disney… Malgré les recommandations parentales, c'est avec moins d'enthousiasme que nous écoutons les collections du Petit Ménestrel consacrées à la vie des « Grands musiciens », des « Grands écrivains » ou aux légendes, contes et autres fables. Nous leur préférons les adaptations de grands films d'aventures, comme *Fanfan la Tulipe* ou encore *Ben-Hur.* Et déjà, nous demandons à nos parents de nous acheter les enregistrements des génériques de nos séries télé favorites : *Bonne nuit les petits* et *Le Manège enchanté* ou, pour les plus grands, la série des « Poly » et *Sébastien parmi les hommes.*

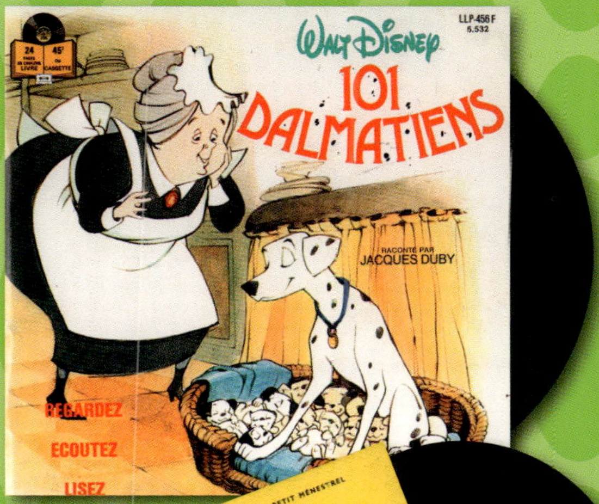

Portée par la personnalité comique de son interprète, le déjà célèbre Patrick Topaloff, la chanson « J'ai bien mangé, j'ai bien bu » est l'un des tubes de l'année 1971.

« Tu veux ou tu veux pas ? » Avec son adaptation drolatique d'un tube brésilien et son look de tonton facétieux, Marcel Zanini séduit aussi bien les petits que les grands.

***« Un chant d'amour, un chant d'été » :* le programme d'une certaine variété hexagonale au début des années 1970.**

Chanteurs de charme

Le succès de Claude François incite les maisons de disques à lancer des chanteurs « minets », dont le succès dure parfois le temps d'une amourette de vacances.

Après la séparation des Beatles en avril 1970 et la disparition brutale de plusieurs icônes de la *pop music*, les amateurs de *riffs* anglo-saxons s'orientent vers de nouveaux courants musicaux : le hard rock (Led Zeppelin, Deep Purple…), le rock planant et progressif (Pink Floyd, Yes, Genesis…) ou le glam rock (Roxy Music, David Bowie, T. Rex…). Pendant ces années de strass et de paillettes, les succès de la chanson française se disputent la tête des hit-parades, et leurs interprètes (anciennes stars yé-yé ou vedettes d'aujourd'hui) se croisent sur les plateaux télé de Guy Lux ou de Maritie et Gilbert Carpentier. Sur les traces de son idole Elvis, Johnny Hallyday enregistre *Rock à Memphis* dans la ville du King et continue à sortir hit sur hit : « Toute la musique que j'aime », « Gabrielle », « J'ai oublié de vivre »… Mais la variété française

LA MUSIQUE DES ADOS

Ci-contre : David Bowie en Ziggy Stardust. Ci-dessous : le groupe Led Zeppelin au début des années 1970.

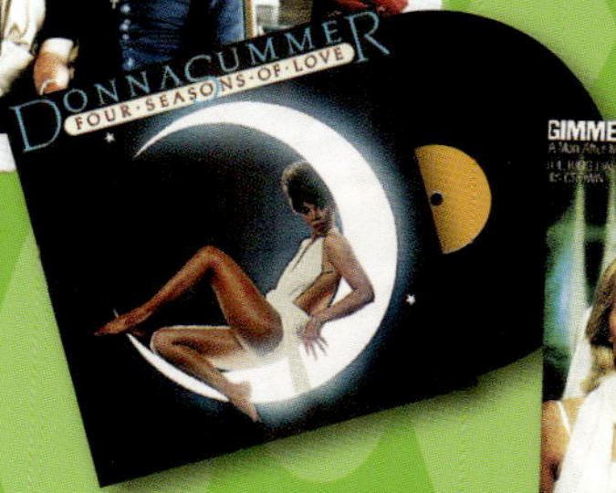

est surtout marquée par les chanteurs pour midinettes. Entouré de ses danseuses, les fameuses « Clodettes », Claude François ne quitte pas le sommet des meilleures ventes. Les maisons de disques se mettent à fabriquer des chanteurs « minets » en costume à paillettes : pour certains, le temps d'un succès ; pour les plus chanceux, celui de se constituer un public... Mike Brant s'impose à lui seul comme le phénomène de la période, avec « Qui saura », « C'est ma prière », « Rien qu'une larme »... Malgré ou à cause de ces succès, le chanteur israélien installé à Paris se défenestre le 25 avril 1975. Quinze jours plus tard, son dernier titre, « Dis-lui », se vend à plus d'un million d'exemplaires.

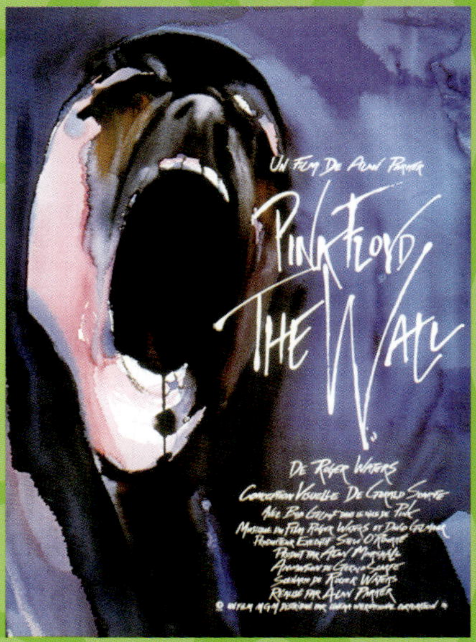

LA PRESSE POUR ENFANTS

Dès le berceau… ou presque

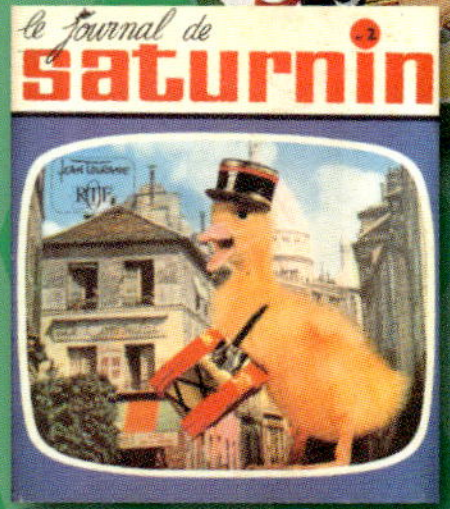

TARTINE
Lancée en 1957, la revue *Tartine* est dédiée à Tartine Mariol, une super-héroïne de 103 ans créée par le dessinateur italien Giovan Battista Carpi, en 1974.

Les journaux ciblent des lecteurs de plus en plus jeunes, comme *Pomme d'Api*, lancé en 1966, qui s'adresse aux enfants à partir de 3 ans.

« Qu'il est difficile de les faire lire ! » soupirent entre elles les institutrices… Il est vrai que les enfants n'éteignent la télévision que pour se plonger dans les bandes dessinées. Heureusement qu'il reste des magazines intelligents. Prenez *Tout l'Univers* par exemple : c'est formidable, Daniel et ses copains en sont bien convaincus. Ils le consultent à l'école et le trouvent bien pratique pour préparer des exposés. Mais leur plaisir, c'est de se rendre au kiosque à journaux. Sous prétexte de choisir un journal, ils essaient de lire en douce les feuilletons en bandes dessinées de Spirou et de Tintin. Toutefois, le marchand est vigilant : « Qui lit paie ! » leur crie-t-il, et la petite bande s'envole comme une volée de moineaux. La sœur aînée de Daniel reçoit tous les mois *15 ans*. Elle ne le prête à personne, car elle collectionne les numéros. De toute façon, ces histoires de filles, ça n'intéresse vraiment pas le jeune garçon. En revanche, pour faire enrager sa petite sœur, il lui pique son *Pomme d'Api* et s'enferme dans les toilettes pour le lire. Claudine hurle en tapant contre la porte. « Si vous arrêtez de vous disputer, je vous offre un journal », annonce maman. Cette fois-ci, c'est triomphant que Daniel se rend au kiosque. Sa petite sœur se jette sur *Le Journal de Nounours*. « Regarde ! lui souffle Daniel. Il y a aussi celui de Kiri le Clown ou celui de Saturnin le Canard. » Lui choisit *Le Journal de Bibi Fricotin*, tandis que l'aînée de la fratrie essaie de convaincre sa mère de lui acheter *20 ans*.

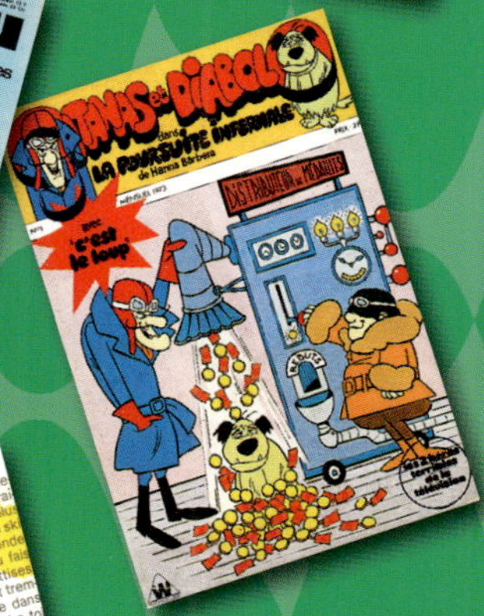

En 1969, **Pif Gadget** *succède au magazine* **Vaillant**. *Avec son célèbre gadget dissimulé entre les pages de chaque numéro, il va rapidement connaître un succès phénoménal.*

« Des rails sur la prairie », publié dans le journal Spirou en 1955 et 1956, est la première histoire de Lucky Luke, dont le scénario est écrit par René Goscinny.

Maître Goscinny

Astérix, Iznogoud, le Petit Nicolas… Le génial René Goscinny aura peuplé notre enfance de héros attachants, auxquels il aura fait vivre des aventures captivantes.

Nous aurions du mal, aujourd'hui, à imaginer notre jeunesse sans les aventures d'Astérix et Obélix ou celles de Lucky Luke. Combien d'heures avons-nous passé à dévorer les scénarios de René Goscinny, mis en images par les dessinateurs Uderzo et Morris ? *Astérix en Corse, Le Cadeau de César, La Grande Traversée, Obélix et compagnie, Ma Dalton, Chasseurs de primes, Le Grand Duc, L'Héritage de Rantanplan, Le Cavalier blanc*… Que de bonheur ! Le scénariste Jean-Michel Charlier et le dessinateur Jean Giraud, alias Gir, nous proposent pour leur part un Far West sensiblement différent avec les aventures du lieutenant Blueberry et de son acolyte Jimmy McClure. Doté

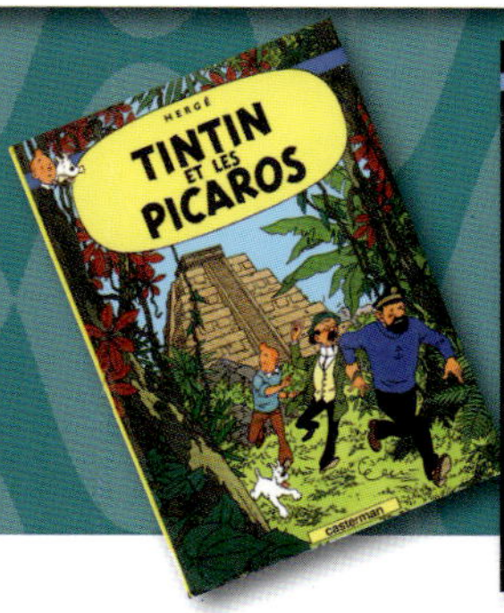

Dans les années 1970, **L'Écho des Savanes, Fluide glacial** *et* **Métal hurlant** *deviennent les nouveaux laboratoires de la bande dessinée.*

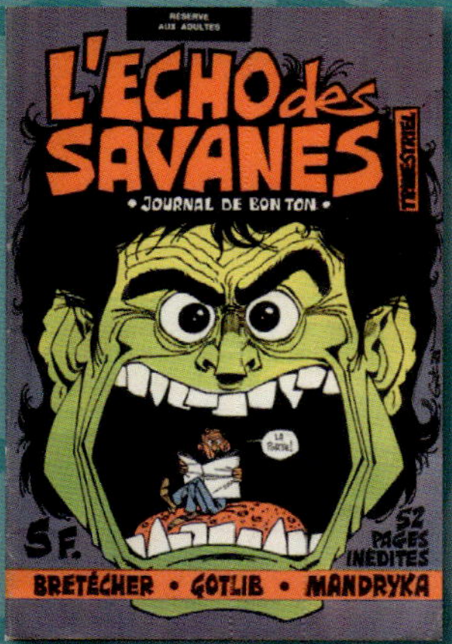

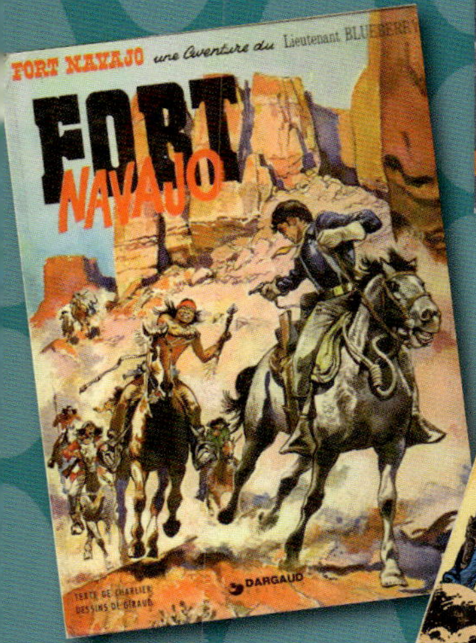

des traits de l'acteur français Jean-Paul Belmondo, Blueberry évolue au fil des albums dans une Amérique plus proche de celle des westerns italiens que du Grand Ouest habituellement dépeint dans la BD. En parallèle, Giraud bâtit, sous le pseudonyme de Mœbius, des histoires de science-fiction bien allumées. Un domaine dans lequel excelle aussi, quoique dans un style très différent, son complice Philippe Druillet. À la tête de la revue *Métal hurlant,* Giraud et Druillet ne tardent pas à exercer une influence qu'Hollywood revendiquera bientôt ! Les autres vedettes du magazine *Pilote* se sont progressivement échappées pour créer leur propre magazine : Marcel Gotlib, le père des « Dingodossiers », crée *L'Écho des Savanes* en mai 1972 avec Claire Bretécher et Nikita Mandryka. Trois ans plus tard, il se lance dans une nouvelle aventure éditoriale avec Alexis et Jacques Diament : *Fluide glacial.*

LES LIVRES POUR ENFANTS

Pareils... mais différents !

Ils ont une couverture plus épaisse, portent d'étranges numéros sur le côté, et la dame qui nous les prête les tamponne avant de nous les confier... Ce sont les livres de la bibliothèque !

C'est une minirévolution ! Une bibliothèque vient d'ouvrir dans la petite ville où vivent Valérie et Jérôme. Située dans l'une des ailes de la mairie, elle se compose de deux pièces : une immense pour les adultes et une plus petite pour les enfants. Cette dernière est joliment décorée de frises et, dans un coin, on peut s'asseoir sur des chaises placées autour d'une table basse, recouverte de magazines. La maîtresse de CE2 est bien courageuse, car elle a décidé d'y emmener la classe tout entière. Les enfants intimidés et plutôt réticents traînent des pieds en traversant la grande salle. Un vieux monsieur à lunettes les regarde d'un air sévère et leur montre du doigt la pancarte « Silence ». Ouf ! Les voici dans la petite pièce. Les élèves s'y sentent tout de suite à l'aise, comme dans une grotte protectrice. Certains s'emparent déjà des Nouvelle Bibliothèque rose aux belles couvertures pelliculées, d'autres des livres « Rouge et Or » de chez GP. La maîtresse intervient : « Non, pas ceux-là. Ils sont très bien, mais vous les connaissez déjà. Aujourd'hui, je vais vous faire découvrir d'autres ouvrages. » Les enfants s'assoient autour d'elle. Nathalie chuchote à Annick : « Regarde, le nouveau "Martine" ! Maman nous a déjà lu *Martine en bateau* ! » Mais la maîtresse réclame le silence. Elle veut leur montrer les belles illustrations de l'album sur Paris de Miroslav Sasek. Les enfants, qui n'ont jamais vu la tour Eiffel en vrai, se font silencieux, tandis que l'institutrice tourne les pages...

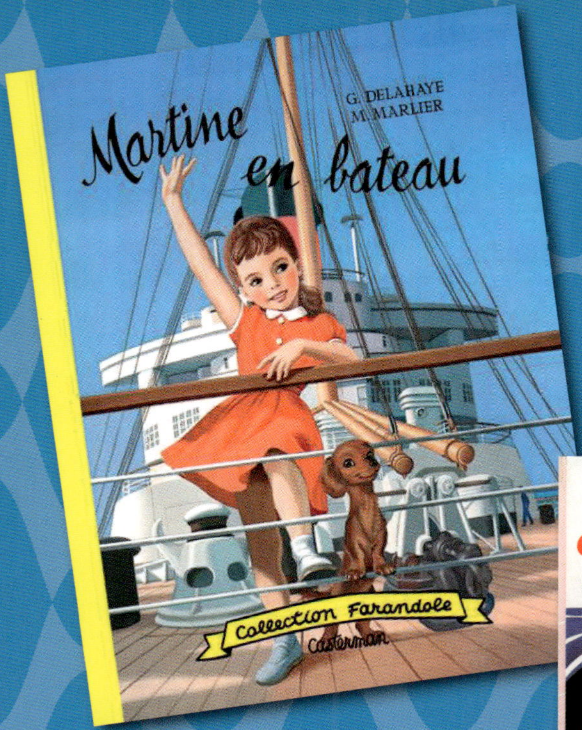

Avant de prendre le bateau, en 1961, Martine est partie à la ferme, en voyage, à la mer, au cirque… Écrites par Gilbert Delahaye et illustrées par Marcel Marlier, les aventures de Martine se déclinent en tout en une soixantaine d'albums.

Le Paris de Miroslav Sasek est le premier d'une série d'albums invitant les enfants à la découverte des plus belles villes et des plus beaux pays du monde.

Héros virils

Qu'ils s'appellent OSS 117, Francis Coplan ou Antoine San-Antonio, les héros des garçons n'ont pas froid aux yeux.

Les aventures mélodramatiques de Sissi, par Odette Ferry, ou d'Angélique, par Anne et Serge Golon, passionnent Murielle et ses amies. Leurs frères et leurs copains ricanent devant de tels ouvrages, mais ils ne sont pas indifférents au charme de la belle Michèle Mercier. Ils préfèrent toutefois la lecture des derniers romans de Jean Bruce, Paul Kenny ou San-Antonio. Ils circulent dans les cours de récréation… au grand dam de leurs professeurs. Pourtant, Olivier affirme que les profs ont raison et que de telles lectures sont dépassées. Martin et Fred se moquent de lui : « Tu aimes mieux te plonger dans *L'Illiade et l'Odyssée* ou dans Cicéron ? On ne te savait pas aussi bûcheur ! » « Non, leur rétorque-t-il. Moi, en ce moment, je suis en train de dévorer les *Histoires mystérieuses* d'Isaac Asimov dans la collection "Présence du futur". » Aussitôt,

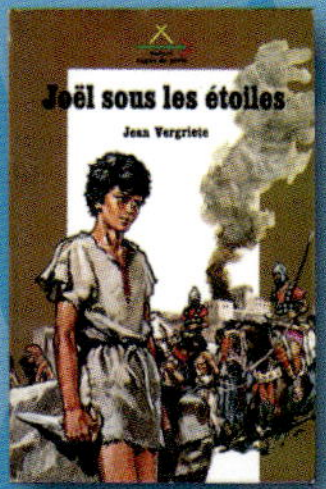

Bob Morane n'est pas insensible au charme vénéneux de Miss Ylang-Ylang, l'une des chefs de la mystérieuse et redoutable organisation Smog.

LES LIVRES POUR ADOS

les autres s'intéressent à la conversation. « Ah oui ! c'est génial ! approuve Guillaume. J'ai acheté un "J'ai lu" du même auteur, mais je ne me rappelle plus le titre. » « *Les Cavernes d'acier* », lâche Olivier avec dédain. « Moi, je préfère *Les Hommes-machines contre Gandahar*, de Jean-Pierre Andrevon », claironne Stéphane. « Ça doit être pas mal, concède Olivier. Si tu me le prêtes, je te passe les deux tomes des *Histoires mystérieuses*. » « La science-fiction, c'est nul ! » affirme Murielle. « C'est bon ! Retourne à tes "Alice" », se moquent les garçons. « Pas du tout ! En ce moment, je lis *Le Journal d'Anne Frank*, s'indigne la jeune fille. Et vous feriez mieux d'en faire autant, cela vous instruirait ! »

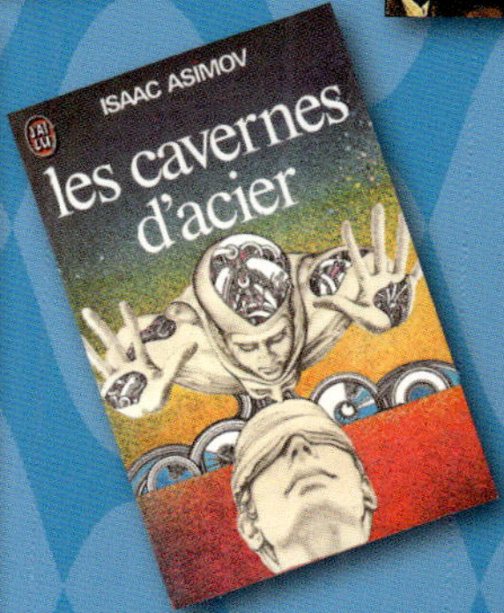

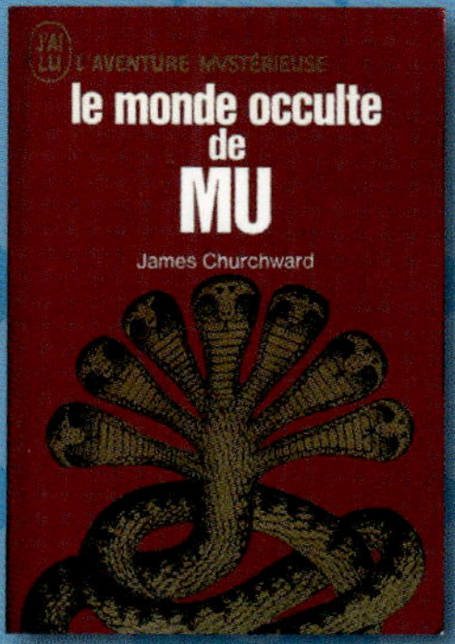

L'Aventure mystérieuse chez J'ai lu, Marginalia chez Glénat, Le Rayon fantastique chez Hachette… Devant le succès du genre, les éditeurs multiplient les collections dédiées à la science-fiction et au fantastique.

LE CINÉMA ET LES ENFANTS

Comme une idée fixe...

« Dis, tu m'amènes au cinéma ? » Comment résister à l'appel des salles obscures lorsque le dernier Disney ou la nouvelle adaptation d'*Astérix* est à l'affiche ?

Ah ! le cinéma... Une invitation sans cesse renouvelée au divertissement et à la découverte ! Le seul nom de Walt Disney résonne à nos oreilles d'enfants comme un passeport pour un monde merveilleux, plein de fantaisie, de bonne humeur, mais aussi de scènes qui nous font sursauter dans les grands fauteuils rouges, ceux qui claquent d'un coup quand on se lève, comme un fusil Winchester ! *Un amour de coccinelle* nous a ainsi embarqués à bord d'une voiture pas comme les autres, dans laquelle nous avons vécu mille aventures désopilantes, et autant de frissons. Mais ce sont les dessins animés qui remportent toutes nos faveurs : l'adaptation par les studios Disney du recueil de nouvelles de Rudyard Kipling, *Le Livre de la jungle*, nous permet de nous identifier au jeune Mowgli, élevé dans la jungle aux côtés d'animaux sympathiques, comme l'ours Baloo et la panthère Bagheera, ou beaucoup plus dangereux, comme le tigre Shere Khan et le serpent Kaa ! Grâce à *Astérix le Gaulois* et *Astérix et Cléopâtre*, nous retrouvons également sur grand écran les aventures de l'espiègle Gaulois et de ses inénarrables compagnons : Obélix, Panoramix... sans oublier naturellement le fidèle chien Idéfix. *La Grande Vadrouille, Le Grand Restaurant, Oscar, Les Grandes Vacances, Fantômas contre Scotland Yard, Le gendarme se marie, Le Petit Baigneur, Le Tatoué, Hibernatus, Le Gendarme en balade*... S'il est un acteur qui aura assurément accompagné notre enfance dans les salles obscures, c'est bien Louis de Funès !

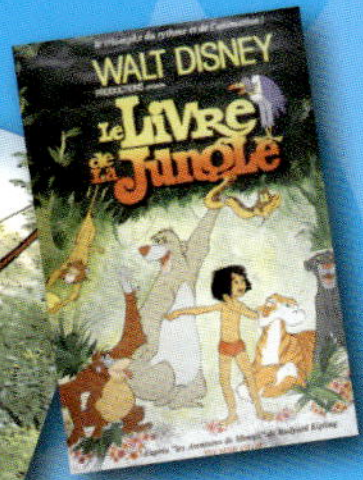

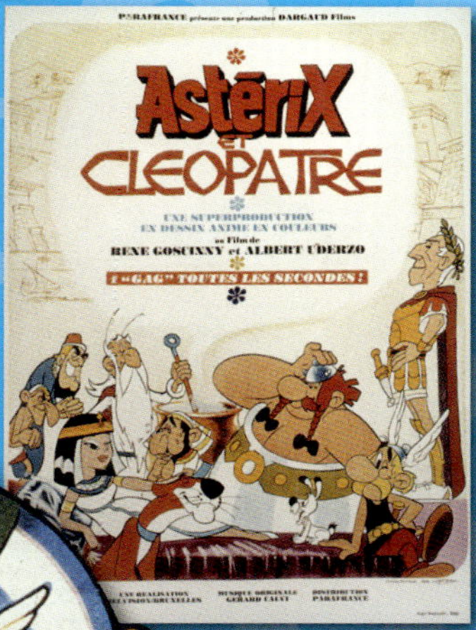

Une éloge de la paresse…
Alexandre le bienheureux s'est fixé un objectif : en faire le moins possible. Y parviendra-t-il ?

Même pas peur !

Gangsters, catastrophes, requins blancs… Quoi de plus amusant que de jouer à se faire peur en se plongeant dans l'obscurité d'une salle de cinéma ?

Nous avons enfin l'âge d'échapper aux séances de cinéma en famille pour voir nos premiers films entre copains et copines ! Et bien sûr, nous tentons tout ce qui est possible pour accéder aux séances qui nous sont interdites ! Le plus souvent en vain… Passe encore pour les films défendus aux moins de 13 ans, mais pour ceux interdits aux moins de 18, c'est – presque – mission impossible ! Alors, à défaut de découvrir *Orange mécanique*, *Le Dernier Tango à Paris* ou *Les Valseuses*, on se presse pour voir *Le Parrain*, *French Connection*, *L'Aventure du Poséidon*, *Papillon*, *La Tour infernale*, *Peur sur la ville*… et surtout *Les Dents de la mer*. On se rue aussi, il faut bien l'avouer, sur les films des Charlots : *Les Fous du stade*, *Les Charlots font l'Espagne*, *Le Grand Bazar*… De même que sur les westerns spaghettis avec Terence Hill, seul dans *Mon nom est personne* ou avec Bud Spencer dans la série des aventures de Trinita. L'icône des garçons surgit en 1973, alors même qu'il décède brutalement, à l'âge de 33 ans : c'est Bruce Lee,

Bud Spencer et Terence Hill : deux noms associés au western spaghetti et à la saga emblématique des « Trinita ».

LE CINÉMA ET LES ADOS

PEUR SUR LA VILLE

La révolution sexuelle n'est pas du goût de tout le monde. Dans le film *Peur sur la ville*, un tueur en série terrorise Paris en assassinant des jeunes filles un peu trop libérées. Heureusement, Bébel est sur le coup…

la première superstar asiatique. *La Fureur de vaincre, The Big Boss, Opération Dragon* et *La Fureur du dragon* s'avèrent sans commune mesure avec les innombrables films de karaté à l'affiche des derniers cinémas de quartier… Autre nouveauté : il semblerait que soudain le cinéma s'intéresse à nous, les ados ! C'est la révolution de *La Gifle*, le film de Claude Pinoteau, mais aussi de *À nous les petites Anglaises*, de Michel Lang. La chanson « Sorrow » de Mort Shuman, au générique de ce dernier film, tourne en boucle lors de nos premières boums !

LA TÉLÉ ET LES ENFANTS

Nos amis les bêtes

Pollux le Chien, Saturnin le Canard, l'irremplaçable Nounours… Les héros de notre enfance sont d'étranges animaux doués de parole et, surtout, du pouvoir de nous amuser !

Nounours, Pimprenelle, Nicolas et le Marchand de sable occupent la première place parmi nos souvenirs de petit téléspectateur. Ces cinq minutes de pur bonheur que concocte Claude Laydu sonnent l'heure du coucher. Mais chaque nouvelle série animée avec des marionnettes nous apporte de nouveaux amis, comme la joyeuse équipe du *Manège enchanté*, de Serge Danot : la petite Margote, l'adorable chien Pollux et l'étrange Zébulon, avec son célèbre « Tournicoti, Tournicoton ». Il y a aussi *Kiri le Clown*, de Jean Image, son inoubliable ritournelle et sa petite troupe de cirque : Laura l'écuyère, Ratibus le chat, Pip'lett la perruche et Bianca la jument. En 1969, on découvre *Pépin la Bulle*, d'Italo Bettiol et Stefano Lonati, et ses trois jouets : la poupée Brigantine, le toucan Fouretout et le singe Garatakeu. Et même une série dans laquelle jouent d'authentiques animaux : *Les Aventures de Saturnin*, de Jean Tourane. Le plus célèbre des canards est toujours flanqué de ses compagnons : Dame Belette, Jeannot Lapin, le chien policier, sans oublier le cochon d'Inde, la chèvre, la chatte, les renards, les marmottes et le professeur Popof. Après nous avoir offert *Belle et Sébastien* en 1965, Cécile Aubry réalise de nouvelles séries dont l'acteur principal est encore son fils, Mehdi : *Sébastien parmi les hommes* et *Sébastien et la Mary-Morgane*. Mais l'ancienne comédienne poursuivra également son activité de scénariste des différentes aventures du cheval Poly : *Poly au Portugal, Au secours Poly, au secours !, Poly et le diamant noir, Poly à Venise…*

Lassie, Rintintin, Pollux du Manège enchanté… Aucun doute possible : les chiens sont bien les meilleurs amis des enfants.

Encore enfant lors du tournage de Belle et Sébastien, l'acteur Mehdi El Glaoui est déjà un ado lorsqu'il apparaît dans Sébastien et la Mary-Morgane, en 1970.

Un autre monde

Qu'elles nous projettent dans l'Ouest américain ou au-delà du réel, les séries télé des années 1970 nous emmènent loin du pays de l'accordéon, du fromage et de Valéry Giscard d'Estaing.

David Vincent sait que les extraterrestres sont parmi nous, mais personne ne veut le croire…

À partir de 1972, la télévision nous offre une troisième chaîne, dite « du cinéma » ! Mais question séries, la palme revient à la première chaîne et à son émission *La Une est à vous*, créée par Guy Lux et animée par Bernard Golay. Celle-ci donne la possibilité aux téléspectateurs de voter pour les séries de leur choix, en appelant « SVP 11-11 ». La production puise à cet effet dans les meilleures créations des années précédentes :

Ci-dessus : les frères Igor et Grichka Bogdanoff, venus du futur pour présenter l'émission Temps X.
Ci-contre : la série britannique Cosmos 1999.

LA TÉLÉ ET LES ADOS

Les Envahisseurs, Au-delà du réel, Le Sixième Sens, Cosmos 1999, Vidocq, Chapeau melon et bottes de cuir, L'Aventurier, Amicalement vôtre… et surtout *Les Mystères de l'Ouest !* Débordée par l'engouement que suscitent les rediffusions des aventures de James West et d'Artemus Gordon, la chaîne épuise rapidement les 36 épisodes en français et doit commander le doublage d'autres saisons. En 1975, un nouveau type de héros débarque sur les écrans : le major Steve Austin, surnommé *L'Homme qui valait trois milliards* en référence aux coûteux implants bioniques qui lui donnent des superpouvoirs. C'est aussi l'époque où Antenne 2 décide de lancer, le mercredi après-midi, le magazine télévisé *Un sur cinq*, entièrement dédié aux adolescents… Une cible de choix : un Français sur cinq a alors moins de 20 ans. Patrice Laffont anime ainsi une équipe de chroniqueurs que l'on retrouvera souvent, quelques années plus tard, d'un côté ou de l'autre du petit écran : Laurent Broomhead, Igor et Grichka Bogdanoff, Freddy Hausser, Gabriel Cotto…

Ci-contre : Tony Curtis et Roger Moore se donnent la réplique dans la série britannique Amicalement vôtre.

LA RADIO

Mouvements sur les ondes

Le paysage radiophonique français connaît des mutations majeures au cours des années 1960. Pour les ados, ce vent de renouveau se traduit par davantage d'émissions consacrées à la musique pop.

Ci-contre : Françoise Hardy et Roland Dhordain, directeur de la radiodiffusion de l'ORTF, en 1970, pour la 1212e de l'émission Pop-Club. Ci-dessous : Johnny Hallyday et Eddy Mitchell sur Europe n°1, en 1969.

En 1963, le vent de la modernité souffle aussi sur l'ORTF, qui s'installe dans un bâtiment flambant neuf de l'avenue du Président-Kennedy, à Paris. La station Paris-Inter se mue en France Inter sous l'impulsion de Roland Dhordain, soucieux de « transformer cette ringarde […] en une radio capable de rivaliser avec les stations périphériques ». France Culture et France Musique voient le jour à la même époque. Radio Luxembourg devient RTL en 1966, et Europe n°1 opte pour Europe 1 trois ans plus tard. Sur France Inter, le *Pop-Club* de José Artur initie les adolescents à des formes multiples et insoupçonnées de culture au son de « musiques nouvelles » sélectionnées par Pierre Lattès.

Il n'est pas rare d'entendre à l'antenne les artistes les plus en vogue. Transfuge de Radio Caroline, la station pirate britannique, Michael Pasternak, alias président Rosko, anime à partir de 1966 l'émission *Minimax* sur RTL, à l'heure où Europe n°1 diffuse *Salut les copains*. Toujours sur RTL, les amateurs de variété profitent du hit-parade d'André Torrent, et ceux de musique américaine, des *Nocturnes* de Georges Lang. Depuis 1967, la station occupe par ailleurs une place privilégiée sur le terrain des jeux radiophoniques, une distraction que chérissent des centaines de milliers d'auditeurs. José Sacré et Frédéric Gérard officient sur ce créneau, mais à l'antenne de Radio Monte-Carlo (RMC). C'est aussi sur RMC que Frank Lipsik propose une stimulante programmation musicale dans *Taxi*... à une heure où ses auditeurs sont censés plancher sur leurs devoirs de classe.

Jean-Pierre Gambert, François Jouffa et Jean-Bernard Hebey au Festival de l'île de Wight, en août 1970.

LES SOURCES

Toutes les photographies et illustrations non créditées et non mentionnées ci-dessous proviennent de la collection privée de *La Bande du Drugstore*.

Sources des illustrations :

P.4 : Almanach des PTT 1962, Imprimeries Oberthur, Rennes-Paris / P.13 : Chambre rouge et bois, catalogue Manufrance, 2ème trimestre 1969, p.418 / Paul-Jacques Bonzon, *La Famille HLM et l'âne Tulipe, Hachette* / Lit et table, photo de Dupuis / P.14 : Chambre, catalogue Mr Meuble, novembre 1975, p.54 / Illustration, dessin de C.Cambier *in Lisette Télé-jeune*, n° 36, 3 septembre 1972 / P.15 : The Rolling Stones, *It's only rock'n roll* / P.17 : Illustration La page du jeudi, *in Tintin*, n° 598, 7 avril 1960 / Elève, dessin de Jacques Fromont *in* Paul-Jacques Bonzon, op.cit. / P.21 : trousse d'infirmière, four, lave-linge, mini-cuisine, collection Jacques Gimard / Landaus MG, Catalogue du Grand Bazar de la Nièvre / P.22 : cosmonaute Mattel / P.22 : Etablis, Catalogue Manufrance, 2e trimestre 1969, p.571 / P.23 : Voiture et tricycle MG, Catalogue du Grand Bazar de la Nièvre / P.26 : Fille en maillot vert, La Redoute printemps-été 1968, p.196 / P.27 : *Cahier Jardin des modes*, « Vive la rentrée ! », n° 220, septembre 1965 / Tenue bleue, La Redoute printemps-été 1968, p.188 / chemises garçons, La Redoute printemps-été 1968, p.216 / maillots de bain, La Redoute printemps-été 1968, p.197 / jupes plissées, La Redoute printemps-été 1968, p.188 / P.29 : Jeunes hippies sous les arbres, *Mademoiselle âge tendre*, n°70, septembre 1970 / P.31 : Pub Krema, *Tintin*, n° 1964, mars 1969 / P.36 : Pilotes, hoto Elf-Jaeckin pour Havas Conseil Synergie Pub / P.40 : *L'Echo des savanes*, n° 6, 1er septembre 1986 / *Antirouille*, n° 22, février 1978 / *Actuel* / *Le torchon brûle*, n° 1, mai 1971 / *La Gueule ouverte*, n° 7, mai 1973 / *Charlie Hebdo*, n° 105, 1972 / T-Rex, *The Slider*, Fat Possum / P.43 Walt Disney, *La Belle et le clochard, Bambi, Pinocchio, Les 101 dalmatiens* / *Le Manège enchanté*, Festival / *Bonne nuit les petits*, Philips / Henri Salvador, *Le travail c'est la santé*, Rigolo / Patrick Topaloff, *J'ai bien mangé j'ai bien bu*, Flèche / Pierre Perret, *La cage aux oiseaux*, Adèle / Zanini, *Tu veux ou tu veux pas*, Riviera / P.44 : Mike Brant, *Rien qu'une larme*, CBS / Frédéric François, *Un chant d'amour un chant d'été*, Vogue / Johnny Hallyday, *Derrière l'amour*, Philips / P.45 : Starshooter, *Chez les autres*, EMI / Boney M, *Night Flight to Venus*, Carrere, 1978 / Abba, *Gimme ! Gimme ! Gimme !*, Vogue, 1979 / Donna Summer, *Four seasons of love*, WEA, 1976 / P.46 : *Pomme d'Api* n° 18, août 1967 / *Le Journal de Saturnin* n° 2 / *Tartine*, n° 240, Sté française de presse illustrée, janvier 1968 / P.47 : *RinTintin*, n° 982, 2e trimestre 1968 / *Tintin*, n° 1043, octobre 1968 / *Pif Gadget*, n° 199 / *Vaillant le journal de Pif*, n° 1202, 26 mars 1968, p.21 / *Roudoudou le joyeux cabri*, n° 293, mars 1969 couv et intérieur / P.48 : Uderzo et Goscinny, *Astérix en Corse*, Dargaud / Uderzo et Goscinny, *Obélix et compagnie*, Dargaud / Morris et Goscinny, *Des rails sur la prairie*, Dupuis / P.49 : *Fluide glacial*, n° 1, 1er septembre 1975 / *Métal hurlant*, n° 1 / Hergé, *Tintin et les Picaros*, Casterman / Hergé, *Vol 714 pour Sydney*, Casterman / Chalier et Giraud, *Fort Navajo*, Dargaud / *L'Echo des savanes*, n° 2, 1972 / P.50 : Enid Blyton, *Oui-oui à la plage*, Hachette / P.51 : *Martine en bateau*, Casterman, 1960 / M. Sasek, *Paris*, Casterman / Olivier Séchan, *Une voix au bout du fil*, Hachette, 1965 / Enid Blyton, *L'Avion du clan des sept*, Hachette / Comtesse de Ségur, *Les Malheurs de Sophie*, Hachette / Comtesse de Ségur, *Pauvre Blaise*, Hachette / Enid Blyton, *Le Club des cinq et les gitans*, Hachette / Enid Blyton, *Le Club des cinq se distingue*, Hachette / P.52 : Jean Bruce, « OSS 117 », *Fidèlement vôtre, OSS 117 au Liban*, Comics Pocket / San-Antonio, *Salut mon pope !*, Fleuve noir / Henri Vernes, *Bob Morane*, « Un Parfum d'Ylang Ylang », Marabout / Friedrich Feld, *Le Mousse de la Santa-Maria*, Signe de Piste / Jean Vergrierte, *Joël sous les étoiles*, Signe de Piste / Pierre Lamblin, *Jacques Rogy chasse le fantôme*, Rouge et Or / P.53 : A.Buckeridge, *Bennett et Mortimer*, Hachette / *Toute la science*, n°7, 1965 / *Je sais tout*, n° 30, 4 novembre 1969 / James Churchward, *Le Monde occulte de Mu*, J'ai lu, 1972 / H.P. Lovecraft, *Lettres d'Arkham*, Jacques Glénat, 1976 / P.55 : Walt Disney, *Les Aristochats*, affiche du film / P.59 : Jacques Bodoin, *Les Chansons du manège enchanté* / *Kiri le clown et les masques*, Gautier Languereau / *Sébastien et la Mary-Morgane*, Philips / P.62 : *Aggie*, « *Radio-reporter* », n° 31.

Crédits :
P.6 : paquebot transatlantique France © Rue des Archives/RDA / Port La Havane © OXEY ALAN/CAMERAPRESS/GAMMA / John Glenn © Rue des Archives/BCA / Charonne © Rue des Archives/AGIP / Guerre des boutons © Rue des Archives/RDA / P.7 : Marilyn Monroe © / 5356/GAMMA / Tunnel du Mont-Blanc © KEYSTONE-France Nelson Mandela / © Spaarnestad/Rue des Archives / Missiles © Rue des Archives /BCA / Vote de Gaulle © KEYSTONE-France / P.10 : YSL © Rue des Archives/AGIP / Rolling Stones © Imago/Rue des Archives / P.11 : Bonne nuit les petits © Rue des Archives/PVDE / P.12 : Adolescente © Superstock/Rue des Archives / P.13 : Marie-José Nat © Rue des Archives / P.16 : Cour de récréation © Rue des Archives/AGIP / P.17 : Carte Gennevilliers © Gerald Bloncourt/Rue des Archives / Cartable de rentrée © KEYSTONE-France / P.18 : Entrée du lycée Paul Eluard 1972 © Gérald Bloncourt/Rue des Archives / CET de Gennevilliers © Gerald Bloncourt/Rue des Archives / P.19 : Baccalauréat 1978 © Keystone-France / Epreuves écrites du bac © Keystone-France / P.21 : jeune fille à la poupée © Keystone-France / P.22 : enfant cosmonaute © Rue des Archives/AGIP / P.24 : Festival d'Orange © Rue des Archives/RDA / Baby-foot © Gérald Bloncourt/Rue des Archives / P.25 : Stop au Castellet © Laurent MAOUS/GAMMA / 2CV © Rue des Archives/AGIP / P.28 : Jane Fonda © Rue des Archives/BCA / P.29 : Pub Levi's © The Advertising Archives/Rue des Archives / P.30 : LU cacao © Rue des Archives/Varma / P.31 : Pub Hollywood © Rue des Archives/PVDE / Pub Tonomalt © Rue des Archives/Varma / Biscuits REM © Rue des Archives/PVDE / P.32 : Franz Krammer © AFP/EPU/Staff / Marielle Goitschel © Rue des Archives/AGIP / John Curry © AP Photo/Sipa Press / Yukio Kasaya © AFP/Staff / P.33 : Bob Beamon sautant © KEYSTONE-France /Mark Spitz © KEYSTONE-France / Affiche JO de Montreal © The Granger Collection NYC/Rue des Archives / Nadia Comaneci © Bettman/Corbis / P.36 : The Illustrated London News © Mary Evans/Rue des Archives / Tshirt coupe du monde © Keystone-France / Pelé et l'équipe du Brésil © Keystone-France / P.35 : Franz Beckenbauer © Keystone-France / Coupe du monde 1970 © Rue des Archives/SPPS / Beckenbauer et Neeskens © Bettmann/Corbis / Gérard Larousse © Michele LAURENT/GAMMA / P.37 : Poulidor et Pingeon © Rue des Archives/AGIP / Luis Ocaña © Rue des Archives/AGIP / Bernard Thevenet © Rue des Archives/AGIP / Chris Evert Jimmy Connors © Rue des Archives/AGIP / Martina Navratilova © Rue des Archives/AGIP / Bjorn Borg © Keystone-France / P.39 : Bruce Lee © Rue des Archives/DILTZ / Mohamed Ali © Rue des Archives/AGIP / Ticket du championnat du monde de boxe 1964 © Rue des Archives/BCA / P.40 : Causse du Larzac, 14 août 1977 © AFP / Loi Debré © Gerald Bloncourt/Rue des Archives / P.41 : David Bowie © Wolfgang Heilmann/Camerapress/Gamma / Avortement © Denis CITTANOVA/GAMMA / 1er mai 1978 © Gerald Bloncourt/Rue des Archives / Dernier Tango à Paris © Rue des Archives/BCA / P.43 : Henri Salvador © Rue des Archives/AGIP / P.44 : Claude François en scène © D.A. / Pochette Claude François Claude François © Erling Mandelmann/Rapho / Pochette Dave © Rue des Archives/RDA / Pochette François Valéry © Rue des Archives/RDA / P.45 : The Rolling Stones © Rue des Archives/BCA / David Bowie © D.R. / Led Zeppelin © Rue des Archives/BCA / Pink Floyd © Rue des Archives/RDA / P.48 : Les douze travaux d'Astérix © Rue des Archives/RDA / P.51 : Fantômette contre Fantômette © Gusman/Leemage / Fido chien de berger © Rue des Archives/PVDE / Jeanpi berger © Rue des Archives/PVDE / Un cadeau pour Amina © Rue des Archives/PVDE / P.53 : Journal d'Anne Frank © Rue des Archives/Tallandier / Isaac Asimov © Rue des Archives/BCA / P.54 : Les Aristochats © Rue des Archives/RDA / P.55 : Robin des bois © Courtesy Walt Disney Production/BCA/Rue des Archives / Le Livre de la jungle © Rue des Archives/RDA / Astérix et Cléopâtre © Rue des Archives/RDA / Un amour de coccinelle © Rue des Archives/BCA / Oscar © Rue des Archives/RDA / Affiche La Grande Vadrouille © Rue des Archives/RDA / Affiche le Grand Restaurant © Rue des Archives/RDA / Affiche La Mélodie du bonheur © Rue des Archives/RDA / Alexandre le bienheureux © Georges Pierre/Rue des Archives P.56 : Affiche Papillon © Rue des Archives/RDA / Les Dents de la mer affiche © Rue des Archives/Collection CSFF / Affiche Le Parrain © Rue des Archives/RDA / Affiche On continue à l'appeler Trinita © Rue des Archives/RDA / On continue à l'appeler Trinita © Rue des Archives/Collection CSFF / P.57 : Affiche Les Charlots font l'Espagne © Rue des Archives/RDA / Affiche A nous les petites Anglaises © Rue des Archives/RDA / Affiche Le Grand bazar © Rue des Archives/RDA / Peur sur la ville © Rue des Archives/RDA / Le jeu de la mort © Rue des Archives/RDA / Les Tribulations d'un chinois en Chine © Rue des Archives/RDA / La fureur du dragon © Rue des Archives/BCA / P.58 : © Rue des Archives/PVDE / P.59 : Pollux © Rue des Archives/PVDE / Bonne nuit les petits © Rue des Archives/PVDE / P.60 : Roy Tinnes © Rue des Archives/BCA / Cosmos 1999 © Rue des Archives/BCA / Cosmos 1999 © Rue des Archives/BCA / Bogdanoff © Jean-Jacques Bernier/Gamma / P.61 : Kojak © Rue des Archives/Everett Collection / Affiche Kojak © The Advertising Archives/Rue des Archives / L'Homme qui valait trois milliards © Rue des Archives/BCA / P.62 : Hardy et Dhordain, pop club © Rue des Archives/AGIP / Johnny Hallyday et Eddy Mitchell © Rue des Archives/AGIP / P.63 : Radio Antoinette © Rue des Archives/AGIP / Île de Wight © François Jouffa.